Die Zweifaller Geschäftswelt

Die Zweifaller Geschäftswelt

Band 3
Handwerksbetriebe und Gewerbe
Heute und Gestern
(1900–2023)

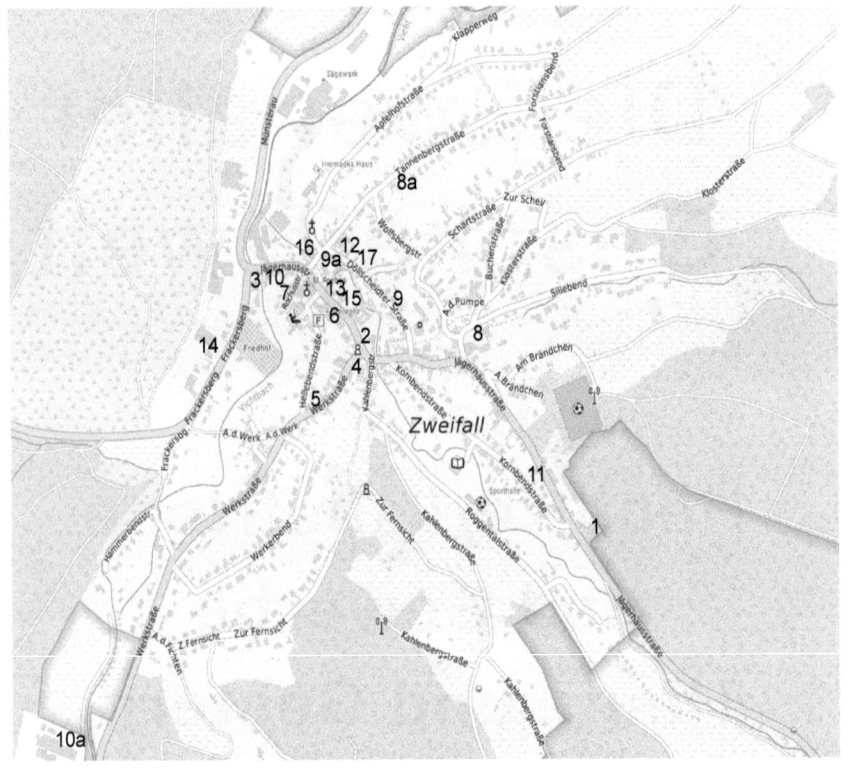

1	Tankstelle Kurt Riedelbauch
2	Tankstelle Johann Schweitzer
3	Tankstelle am Wirtshaus Lisa Frings
4	Frieseusalon Marianne Erkens
5	Friseursalon Anna Fink
6	Friseursalon Hubert Frings
7	Friseursalon Martha Ganser
8/8a	Friseursalon Magda Kettenus
9/9a	Friseursalon Josef Wirtrz & Nachfolger
10/10a	Möbelschreinerei & Innenausstatter Johann Willems
11	Schreinerei Heinrich Tings
12	Schreinerei Heinz Schmitz
13	Schreinerei Heinrich Braun
14	Rockfabrik Franz Bünten
15	Damenmode Anneliese Krings
16	Elektrogeschäft Theo Schroiff
17	Fuhrunternehmen Heinrich Christen

Bildquelle: Rolf Hansen

Inhaltsverzeichnis

Gasolin – Aral – Tankstelle Riedelbauch

Adresse: Jägerhausstraße 91

Das Haus wurde zwischen 1961 und 1962 von Wanda Deckert erbaut.

Sie kam mit ihrem Mann 1936 aus Sachsen nach Zweifall. Sie wohnten zuerst in der Jägerhausstraße 14.

Ihr Ehemann August Deckert (von Beruf Schlosser) starb schon 1937.

In den Jahren 1961/62 baute die Witwe das Haus in der Jägerhausstraße 91. Sie war Näherin und fertigte für viele Zweifaller Kleidungsstücke an.

Der Bau der Tankstelle begann 1963 und wurde Anfang 1964 fertig gestellt.

Besitzer der Tankstelle waren Kurt Riedelbauch und seine Frau Margot geborene Deckert.

Kurt Riedelbauch war auf der Grube in Würselen beschäftigt. Da er sich dort eine Staublunge zuzog, wechselte er ins Baugewerbe. Durch einen Unfall konnte er diese Tätigkeit jedoch auch nicht mehr ausüben. Er baute an das Haus seiner Schwiegermutter Wanda Deckert die Tankstelle an und machte sich selbstständig.

Zuerst wurde Treibstoff von Gasolin verkauft. Später übernahm Aral die Lieferung des Treibstoffes.

Die Tankstelle wurde 1974 geschlossen und abgebaut. Danach wurde das Haus verkauft.

Infos: Dagmar Riedelbauch
Bildnachweise:
Bild 1 bis 4 Dagmar Riedelbauch
Bild 5 Rolf Hansen

Tankstelle um 1970, Bild 1 oben Bild 2 unten

Tankstelle um 1970, Bild 3 oben Bild 4 unten

9

Wohnhaus 2025, Bild 5

Tankstelle Johann Schweitzer

Adresse: Jägerhausstraße 39a, früher Hauptstraße 44
Heute: Privathaus

1928 gründete August Schweitzer ein Fuhrunternehmen mit einem Kastenwagen/Pritschenwagen.
Ab 1930 hatte er ein Busunternehmen mit einem Chevrolet-Bus mit 23 Sitzplätzen.
Ab 1933 fuhr er dann einen größeren Krupp Omnibus. Ein genaues Datum, bis wann sein Unternehmen existierte, ist uns leider nicht bekannt.

Nach dem Krieg eröffnete sein Sohn Johann Schweitzer eine Tankstelle mit Benzin von Shell. Zuerst mit einer Zapfsäule mit Handbedienung.
Ab 1952 handelte Johann Schweitzer auch mit Autozubehör und bot einen Reifendienst sowie eine Batterie-Ladestation an.
1955 wurde das Nebengebäude abgerissen und eine richtige Tankstelle gebaut. Danach gab es zwei elektrische Zapfsäulen.
Ende der 1950ziger Jahre wurde eine Reparaturwerkstatt angebaut. Neben den zwei Zapfsäulen gab es nun auch die Möglichkeit Reifen aufzupumpen.
1971 wurde die Tankstelle geschlossen und abgebaut.
Im Folgejahr wurde das Gebäude zu einem Wohnhaus umgebaut.

Ab 1974 wurde das Gebäude an Dr. Busari für seine Arztpraxis vermietet, als dieser die Praxis aufgab wurde Frau Dr. Gruppe seine Nachfolgerin.
Die Arztpraxis wurde 1994 aufgelöst, umgebaut und das Gebäude dient heute als Wohnhaus.

In der Garage hatte kurzzeitig Frau Langer eine Blumenverkaufsstelle.

Infos: Hubert und Ralf Schweitzer
Bildnachweise:
Bild 1 bis 9 Archiv Teutenberg im Geschichtsverein Monschau

Fuhrunternehmen August Schweitzer 1929, Bild 1

Chevrolet 23 Sitzer 1930, Bild 2

Krupp Omnibus 1933, Bild 3

Tankstelle Johann Schweitzer 1950, Bild 4

Shell Tankstelle Schweitzer 1955, Bild 5

14

Shell Tankstelle Schweitzer 1955, Bild 6

Shell Tankstelle Schweitzer 1960, Bild 7

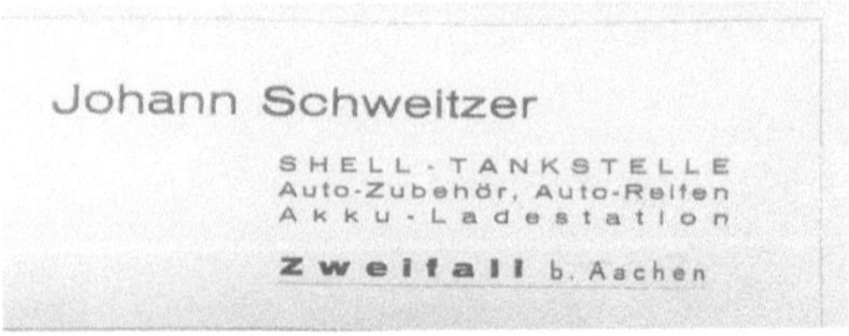
Johann Schweitzer
SHELL-TANKSTELLE
Auto-Zubehör, Auto-Reifen
Akku-Ladestation
Zweifall b. Aachen

Bild 8

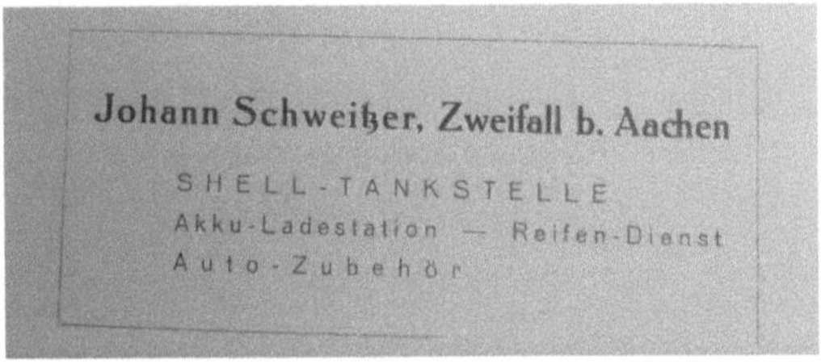
Johann Schweitzer, Zweifall b. Aachen
SHELL-TANKSTELLE
Akku-Ladestation — Reifen-Dienst
Auto-Zubehör

Bild 9

Tankstelle am Wirtshaus Frings
Lisa Frings

Adresse: Frackersberg 1

In den 1920ziger Jahren gab es, wie das folgende Bild zeigt, eine Benzin-Zapfsäule an der Gastwirtschaft Frings. Diese war nach unseren Informationen die erste Tankstelle in Zweifall.

Es war eine Tanksäule mit Handbedienung. Wahrscheinlich handelte es sich hierbei um eine Säule der Firma Dapolin, aus dieser entstand später die Firma ESSO. Die Firma Shell stellte in den 1920ziger Jahren auch Zapfsäulen in der Art auf, es könnte also auch eine Shell Zapfsäule gewesen sein, leider ist darüber nichts genaueres mehr bekannt.

Daten über den Nutzungszeitraum der Tanksäule sind uns nicht bekannt.

Die Tanksäule wurde von der Dorfbevölkerung auch »Eiserne Jungfrau« genannt. Von wann bis wann diese bei der Wirtschaft Frings existierte konnte nicht ermittelt werden. Wahrscheinlich wurde sie bis Anfang der 40ziger Jahre betrieben.

Anmerkung:
DAPOLIN: Die Wortschöpfung vereinfachte den Namen Deutsch-Amerikanische Petroleum-Gesellschaft.

Infos: Rolf Hansen
Bildnachweise:
Bild 1 bis 3 aus dem Archiv Teutenberg
(Geschichtsverein Monschau)

Gastwirtin »Tant Lisa« und Maria Brauch rechts im Bild die Zapfsäule, Bild 1

Zapfsäule vor dem Gasthaus Frings, vor dem 2. Weltkrieg, Bild 2

Zweifall vom Frackersberg aus gesehen, Ende der 1920er Jahre, Bild 3

Friseursalon Marianne Erkens

Adresse: Werkstraße 5, vormals Werkstraße 32

Marianne Erkens wurde am 25. August 1925 geboren. Ab 1950 besuchte sie die Meisterschule in Aachen, den Salon eröffnete sie im April 1950 in Zweifall.

Am 20. Januar 1951 wurde der Betrieb bei der Innung eingetragen.

Am 21. März 1953 erhielt sie offiziell den Meistertitel und durfte ab dann auch Lehrlinge ausbilden. Es war ein reiner Damen Friseursalon.

1968 hat sie den Salon geschlossen und das Gewerbe abgemeldet.

Heute sind die Räume des Salons ein Wohnzimmer.

Infos: Marianne Erkens
Bildnachweise:
Bild 1, 3 bis 7 Marianne Erkens
Bild 2 Festschrift Radfahrverein Fortuna Zweifall
Bild 8 und 9 Rolf Hansen

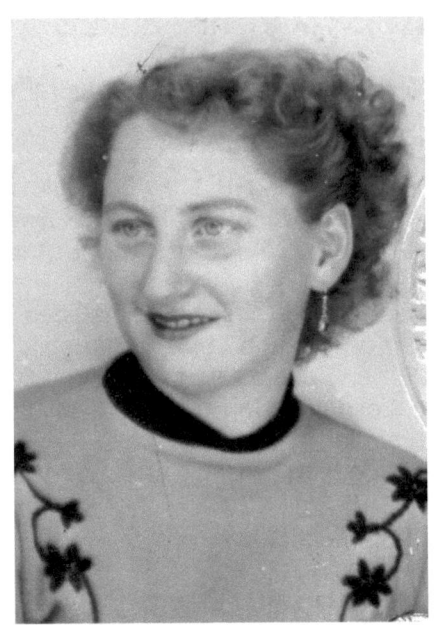

Marianne Erkens, Bild 1

Damen·Frisier·Salon
Fr. MARIANNE ERKENS
ZWEIFALL, Werkstraße

Fachmännische Ausführung in Kaltwellen, Heisswellen,
Wasserwellen, Lockwell usw.

Bild 2

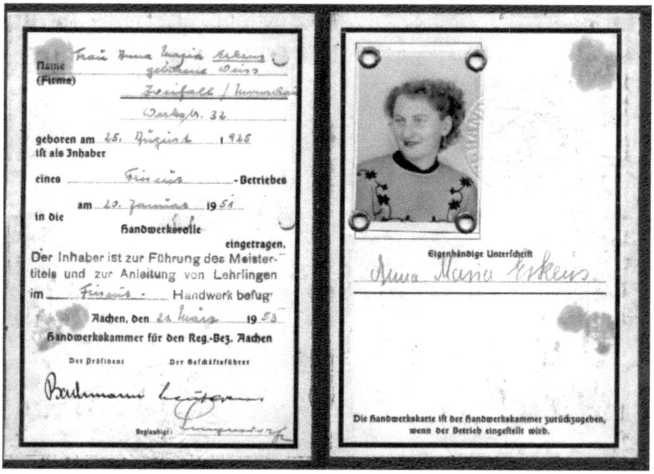

Bild 3

Handwerkskarte

Handwerkskammer
f. d. Reg. - Bezirk Aachen

Bild 4

Schaufenster Werkstraße 5, Bild 5 oben, Bild 6 unten

Im Salon, Bild 7

Werkstraße 5, Bild 8 oben, Bild 9 unten

26

Friseursalon Anna Fink

Adresse: Werkstraße 20

Anna Fink wurde als Tochter von Peter und Magdalena Schweitzer am 7. September 1911 geboren. Sie war deren jüngste Tochter. Nach ihrer Friseurlehre und der Gesellenprüfung hat sie den Salon um 1950 eröffnet.

Ob von ihr eine Meisterprüfung abgelegt wurde ist nicht bekannt, ist jedoch wahrscheinlich.

Das Geschäft war ein reiner Damensalon der wahrscheinlich 1967 geschlossen wurde.

Anna Fink verstarb am 7. Januar 1990.

Infos: Hannelore Barabas
Bildnachweise:
Bild 1 Hannelore Barabas
Bild 2 Rolf Hansen

Anna Fink, geb. Schweitzer, Bild 1

Haus Werkstraße 20 2023. Bild 2

Friseursalon Hubert Fink

Adresse: Jägerhausstraße 14

Hubert Fink hatte im Haus Praterre auf der Kopfseite einen Raum mit einem Frisiersessel.

Wochentags hat er im Sägewerk Kuchem gearbeitet. Freitags abends, nach 18.00 Uhr, und Samstags hat er als Friseur gearbeitet.

Er hat nur männlichen Personen die Haare geschnitten, war somit ein reiner Herrenfriseur.

Leider war der Zeitraum, in dem er als Friseur praktizierte, nicht zu ermitteln.

Infos: Rolf Hansen
Bildnachweise:
Bild 1 aus dem Archiv Teutenberg (Gechichtsverein Monschau)
Bild 2 Rolf Hansen

Bild 1

Jägerhausstraße 14 früher (oben) und heute, Bild 2

Friseursalon Martha Ganser

Adresse: Rochusstraße 9, früher Hauptstraße 64

Martina Ganser, genannt Martha, wurde am 5. Mai 1925 geboren. Sie starb am 30. Juli 2008.
Die Meisterprüfung im Friseurhandwerk bestand sie am 15. Dezember 1952.
Der Friseursalon wurde ca. 1952 eröffnet und schloss wieder 1965 oder 1966.
Es war ein reiner Damensalon, wobei einige wenige Herren außer der Reihe frisiert wurden.

Infos: Wolfgang Ganser
Bildnachweise:
Bild 1 bis 3 Wolfgang Ganser
Bild 4 aus dem Archiv Teutenberg (Geschichts-verein Monschau)
Bild 5 Rolf Hansen

Bild 1

Goldener Meisterbrief

Die Handwerkskammer Aachen gratuliert

Frau

Martina Ganser

*05.05.1925

die am 15. Dezember 1952 die Meisterprüfung
im Friseurhandwerk bestanden hat

zum 50jährigen Meisterjubiläum herzlichst
und verleiht ihr den goldenen Meisterbrief
mit den besten Wünschen für die Zukunft

Aachen, 15. Dezember 2002

Präsident   Hauptgeschäftsführer

Handwerkskammer Aachen

Bild 2

Martina Ganser, Bild 3

Bild 4

Rochusstraße 9, 2020, Bild 5

34

Friseursalon Magda Kettenus

Adresse: Klosterstraße 2, danach und bis heute Tannenbergstraße 14a

Magda Kettenus hat am 5. Dezember 1971 den Meistertitel erhalten. Am 15. Dezember 1971 hat sie als Nachfolgerin von Frau Sauermilch den Salon in der Klosterstraße betrieben. Frau Sauermilch hat von 1968 bis Ende 1971 den Salon als erste Mieterin in der Klosterstraße 2 geführt. Der Salon befand sich im Gebäude des Restaurants zum Walde, ab 2014 gehörte er zum Hotel zum Walde. Vor dem Umbau war das Gebäude ein Wohnhaus.

Am 5. Mai 1992 hat Magda Kettenus ihren Salon im neu erbauten Haus in der Tannenbergstraße14a eröffnet.
Magdas erster Lehrling in der Klosterstraße war Fatima Gilleßen, damals noch Da Silva.
Diese übernahm den Salon in der Klosterstraße 2. Nach Aufgabe des Geschäfts standen die Räumlichkeiten für ein halbes Jahr leer.
Folgemieter war Herr Esser, dessen Angestellte Frau Wamper, heute Zeck, in den Räumen eine Zweigstelle seines Salons betrieb.
Ende 2018 hat das Hotel zum Walde, den Betrieb eingestellt. Da es zu dem Zeitpunkt keinen neuen Pächter der Hotelanlage gab, wurde der Salon geschlossen.

Infos: Magda Kettenus, Familie Römgens
Bildnachweise:
Bild 1 und 6 Rolf Hansen
Bild 2 Festschrift der Zweifaller Schützen 1974
Bild 3, 4, 5, 7 Magda Kettenus

Bild 1

DAMENSALON

Magda Kettenus

519 Stolberg-Zweifall   Klosterstraße 2
                    Telefon 7 13 31

Bild 2

Salon in der Klosterstraße 2, Bild 3

Bild 4

Salon in der Klosterstraße 2, Bild 5

Eingang zum Salon Tannenbergstraße 14a, Bild 6

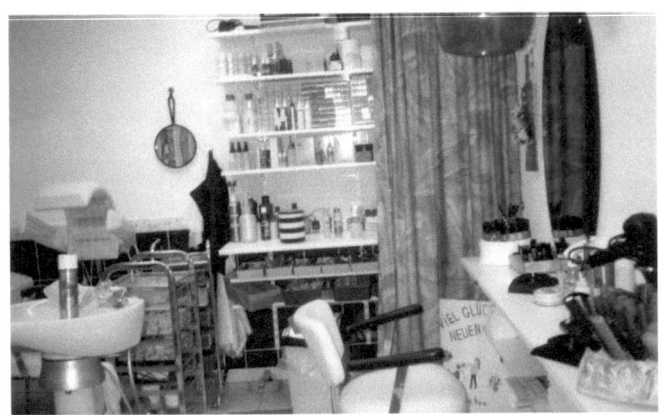

Im Salon Tannenbergstraße 14a, Bild 7

Friseursalon Josef Wirtz und Nachfolger

Adresse: zuerst Döllscheidter Straße 9, später Döllscheidter Straße 21, dann Döllscheidter Straße 2.

Heinrich Josef Wirtz wurde am 6. August 1909 geboren und verstarb am 20. Juli1999.
Er hat vor dem Krieg bei der VEGLA in Stolberg gearbeitet. Nach dem Krieg konnte er den Beruf nicht mehr ausüben, daraufhin hat er in Breinig eine Friseurlehre absolviert. Ob er danach auch den Meister gemacht hat, ist nicht bekannt,
Das erste Geschäft war in der Döllscheidter Straße 9. Nach dem Hausbau in der Döllscheidter Straße 21 wurde darin ein neuer Friseursalon von Josef Wirtz eröffnet.

Nach der Schließung 1989 wurde ein neues Geschäft von Christoph Wirtz in der Döllscheidter Straße 2 eröffnet.

Josef Wirtz hat in der Döllscheidter Straße 9 gewohnt und dort auch ein Friseurgeschäft (Haus Dresbach – siehe Bild anbei) eröffnet. Das muss schon 1950 gewesen sein, denn eine Einzelhandelskarte von 1950 belegt das Datum (siehe auch Bild der Gasse mit Reklameschild).
Mitte der 1950ziger Jahre baute er in der Döllscheidter Straße 21 ein Wohnhaus mit einem Friseursalon. Nach Informationen der Nachkommen wurde der Salon in der Döllscheidter Straße 21 wahrscheinlich von 1957 bis 1989 geführt.
Josef Wirtz war ein reiner Herrenfriseur, leider konnten keine Dokumente zu Hausbau und Saloneröffnung gefunden werden.

Im August 1971 übernahm sein Sohn Heinrich Christoph Wirtz den Salon. Seit dem 18. Dezember 1970 darf er den Meistertitel führen.

Er wanderte 1974 in die USA aus.

Ab 1974 wurde der Salon von Gisela Mager als »Salon Gisela« fortgeführt.

1982 kam Christoph Wirtz aus den USA zurück und übernahm den Salon. Er hat diesen bis 1989 weitergeführt.
Der Salon in der Döllscheidter Straße 21 wurde danach zu einem Wohnraum umgebaut.

Im Jahr 1989 eröffneten Monika und Christoph Wirtz einen neuen Salon in der Döllscheidter Straße 2 am »Alten Schulhof«.
Vor dem Friseursalon hatte Hans-Theo Schroiff in den Räumen ein Elektro- und Haushaltswaren Geschäft.

Der neue Damen- und Herren-Salon wurde von Monika Wirtz geführt. Über 30 Jahre hat sie das Geschäft geleitet.

Am 29. Januar 2001 bestand ihre Tochter Yvonne Wirtz die Meisterprüfung. Sie war 15 Jahre lang Salonleiterin in einem Filialbetrieb (siehe Zeitungsausschnitt).
Am 1. April 2017 übergab Monika Wirtz das Familienunternehmen an Ihre Tochter Yvonne Wirtz.

Infos: Monika Wirtz
Bildnachweise:
Bild 3, 6, 7 bis 11, 15, 19 bis 26 Monika Wirtz
Bild 4 aus dem Archiv Teutenberg (Geschichtsverein Monschau)
Bild 1, 2 ,5 ,17 Festschriftanzeigen Nr. 12-14
Bild 2 und 16 Rolf Hansen

Friseursalon in der Döllscheidter Straße 9, Bild 1

Döllscheidter Straße 9 2020, Bild 2

Josef Wirtz, Bild 3

Einzelhandel.

Name — Firma: Wirtz Josef, Friseur

Inhaber:

Betriebsart: Tabakwaren.

Anschrift: Zweifall

Datum der Genehmigung: 19. 12. 1950

Art des Betriebes:

Bild 4

Haareschneiden in Kriegszeiten, Bild 5

Motto von Josef Wirtz, Bild 6

Familie Wirtz im Eingang Salon Döllscheidter Straße 21, Bild 7

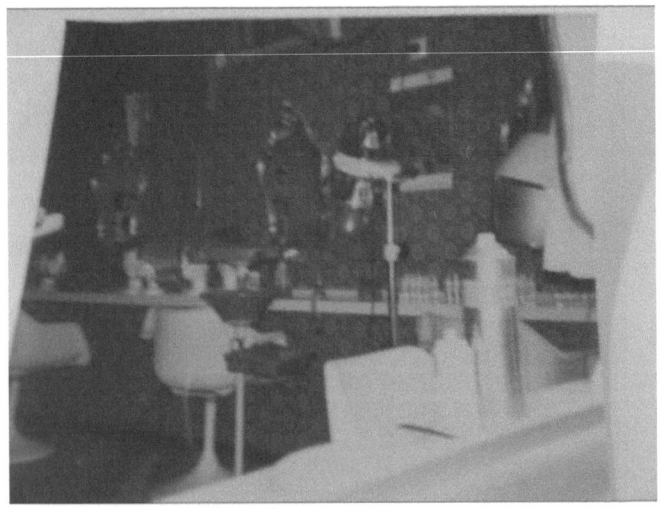

Im Salon Döllscheidter Straße 21, Bild 8

DEN MODERNEN HAARSCHNITT,
DIE GUTE RASUR
erhalten Sie im neu renovierten

SPEZIAL-HERREN-SALON

JOSEF WIRTZ

ZWEIFALL, Döllscheidterstraße

Anzeige nach Renovierung, Bild 9

Haute Coiffure Wirtz
Stolberg-Zweifall

Damen- und Herrensalon
Telefon 71253 · Döllscheiderstraße

Center
Parfümerie Kosmetik Manicure Pedicure
Hairdressing

Anzeige 1974, Bild 10

Perfekter Schnitt
modisch coloriert
aktuelle Frisur
und gut beraten

im

Salon

Gisela

5190 Stolberg-Zweifall, Döllscheidter Straße 21   Ruf 71243

Anzeige 1976, Bild 11

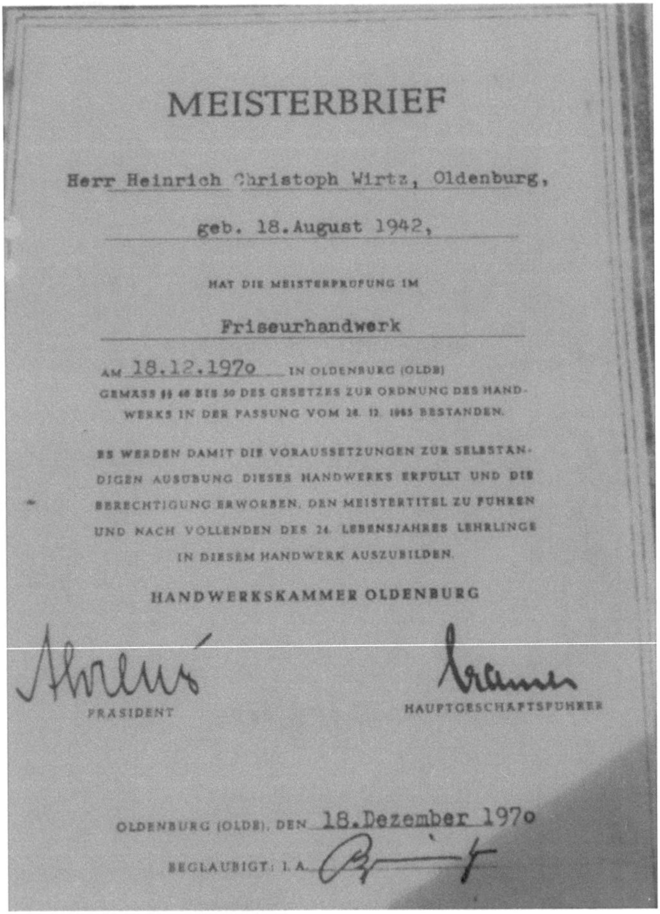

MEISTERBRIEF

Herr Heinrich Christoph Wirtz, Oldenburg,

geb. 18. August 1942,

HAT DIE MEISTERPRÜFUNG IM

Friseurhandwerk

AM 18.12.1970 IN OLDENBURG (OLDB)
GEMÄSS §§ 60 BIS 50 DES GESETZES ZUR ORDNUNG DES HAND-
WERKS IN DER FASSUNG VOM 28. 12. 1965 BESTANDEN.

ES WERDEN DAMIT DIE VORAUSSETZUNGEN ZUR SELBSTÄN-
DIGEN AUSÜBUNG DIESES HANDWERKS ERFÜLLT UND DIE
BERECHTIGUNG ERWORBEN, DEN MEISTERTITEL ZU FÜHREN
UND NACH VOLLENDEN DES 24. LEBENSJAHRES LEHRLINGE
IN DIESEM HANDWERK AUSZUBILDEN.

HANDWERKSKAMMER OLDENBURG

PRÄSIDENT   HAUPTGESCHÄFTSFÜHRER

OLDENBURG (OLDB), DEN 18. Dezember 1970

BEGLAUBIGT: I. A.

Meisterbrief Christoph Wirtz, Bild 12

46

Döllscheidter Straße 21, 2021, Bild 13

Döllscheidter Straße 2, ca. 1990, Bild 14

Döllscheidter Straße 2, 2017. Bild 15

Geschäftsübergabe 2017 Monika mit Tochter Yvonne, Bild 16

MEISTERBRIEF

Frau Yvonne Wirtz

geb. am   01.12.1980   in   Klagenfurt / Österreich

hat vor dem bei der Handwerkskammer Düsseldorf
bestehenden Meisterprüfungsausschuß

am   29.01.2001   die

MEISTERPRÜFUNG

im   Friseure

Handwerk

gemäß §§ 48 bis 51 des Gesetzes zur Ordnung des Handwerks in
der Fassung vom 28.12.1965 bestanden.

Damit ist die Berechtigung erworben, für dieses Handwerk den
Meistertitel zu führen, es – nach Eintragung in die Handwerksrolle
– selbständig auszuüben, sowie Lehrlinge darin auszubilden.

Handwerkskammer Düsseldorf

Präsident

Hauptgeschäftsführer
beglaubigt

Düsseldorf, den   29.01.2001

Meisterbrief Yvonne Wirtz, Bild 17

Meisterbrief Yvonne Wirtz, Bild 18

Zeitungsartikel zur Firmenübergabe, Burg Kurier, Bild 19

Schaufenster Döllscheidter Straße 2 bei Firmenübergabe, Bild 20

Im Salon Döllscheidter Straße 2 bei Firmenübergabe, Bild 21

Im Salon Döllscheidter Straße 2, Bild 22

Im Salon Döllscheidter Straße 2, Bild 23

Im Salon Döllscheidter Straße 2, Bild 24

Salon Döllscheidter Straße 2, 2020. Bild 25

Möbelschreinerei Johann Willems

Adresse: zuerst Jägerhausstr. 2, später Finsterau 15

Das Stammhaus wurde 1850 erbaut und 1929 erweitert und im 2. Weltkrieg zerstört.

Nach dem Krieg bauten Johann und Margarete Willems zusammen mit Sohn Heinz den völlig zerstörten Betrieb wieder auf, so dass die Tischlerei ihre Arbeit wieder in vollem Umfang fortführen konnte.

Neben Einzelanfertigungen, Treppenanlagen und Innenausbau waren sie im Ladenbau in Aachen tätig. Geschäfte wie die Aachener Schirmwerkstätten Irene Lüdke-Brauer gehörten zu ihren Kunden.

Auch am Erweiterungsbau der Pfarrkirche St. Rochus (1962-1964) in Zweifall war die Fa. Willems beteiligt und lieferte zusammen mit der Fa. Hermann Braun die Kirchenbänke und Beichtstühle.

Mit Ehefrau Elfriede erweiterte Heinz Willems den Betrieb hin zur Kleinserie in Eiche-Massiv-Möbel. Schnell wurden die Räumlichkeiten zu eng, die Belegschaft vergrößerte sich und der Bau der Möbelwerkstätte wurde in Angriff genommen.

1972 fand der Umzug in die Finsterau statt, die Familie mit den Kindern Ingrid und Hans-Jochen wohnte weiterhin in der Jägerhausstr. 2 mit Ladenlokal und kleiner Möbelausstellung.

Im Betrieb Finsterau arbeiteten bis zu 30 Mitarbeiter. Stets wurden Lehrlinge zum Tischler ausgebildet.

Heinz Willems war im Vorstand des Fachverbandes Holz und Kunststoff NRW tätig und von 1976 bis 1994 Obermeister der Tischlerinnung Monschau.

Hans-Jochen war im Gesellenprüfungsausschuss der Tischler-Innung Aachen. Durch die bestens ausgebildete und spezialisierte Belegschaft konnte man sich schnell einen guten Ruf in der Kundschaft erobern. Bis 1988 hat man regelmäßig an der Kölner Möbelwerkstätte teilgenommen und präsentierte massive Eichen- und Fichtenmöbel auf eigenem Stand.

Nachdem der Trend Eichenmöbel sich gegen Ende der 80er Jahre wandelte, wurde das Kirschbaumprogramm mit in die Fertigung aufgenommen.
Hans-Jochen Willems erweiterte die Produktion um Objekt- und Ladeneinrichtungen.Viele Objekte wurden überregional ausgestattet, von Kinderläden über Hotel- und Büroeinrichtungen. Besondere Herausforderungen auch an die Mitarbeiter waren Montagen der Läden Tiffany in London und MCM in Chicago Ende der 80 er Jahre.
In den 90 Jahren kam CompuNet als Kunde hinzu, die Büroeinrichtungen wurden nach Köln, Frankfurt, München und Stuttgart aber auch nach Madrid geliefert und eingebaut.
Die Familie Hans-Jochen und Helga Willems zogen 1992 mit ihren Kindern Hanno und Lisa in die Finsterau 15.

Objekte wie Hotels in Bad Sassendorf, Bad Kissingen oder Küchen, Arztpraxen und andere Läden konnten mit Hilfe von CNC gesteuerten Maschinen eingerichtet werden.
Nachdem es durch große Auftraggeber Ende der 1990er Jahre zu erheblichen Zahlungsausfällen kam, wurde die wirtschaftliche Situation immer schwieriger, so dass sich Vater und Sohn im Jahr 2002 zur Schließung des Betriebes entschlossen und an die Fa. Franz Harpers verkaufte, die bis heute in der Finsterau tätig ist.

1778   Gründung durch Johann Willems geb. 1753
1800   Übernahme durch Sohn Mathias Jakob Willems geb. 1786
1852   Weiterführung durch Sohn Johann Dionys Willems geb. 1831 (um 1850 Bau Haus mit Werkstatt Jägerhausstr. 2, Zweifall)
1914   Übernahme durch die Söhne Heinrich Sergius Willems geb. 1869 und Wilhelm Theodorus Willems geb. 1872
1924   Übernahme durch Johann Dionysius Willems geb. 1904 (Sohn v. Heinrich Sergeius) Meisterprüfung 1928
1945   Wiederaufbau nach Krieg mit Sohn Heinz Willems geb. 1931
1954   Meisterprüfung Heinz Willems
1967   Übernahme durch Heinz Willems, Einzelanfertigungen, Ladeneinrichtung, Kleinserie im Möbelbereich
1968   1.Stand auf Kölner Möbelmesse Eichenmöbel
1972   Neubau Betrieb Finsterau 15, Zweifall, 8 Mitarbeiter
1978   200-jähriges Jubiläum, 20 Mitarbeiter, Eichen- und Fichtenmöbel in Kleinserie
1985   Hans-Jochen Willems, geb. 1957, Dipl.-Ing. Architekt, Sohn von Heinz Willems tritt in Firma ein. Erweiterung des Produktprogramms hin zu überregionalen Objekt- und Ladeneinrichtungen nach eigenen Entwürfen, Planung, Fertigung u. Montage
1992   Anschaffung eines CNC Bearbeitungszentrums
1998   220-jähriges Jubiläum
2000   Meisterprüfung Hans-Jochen Willems

Text- und Bildnachweise:
Alle Bilder und die Eckdaten zu den Texten, bzw. auch ganze Texteile entstammen der Chronik Johann Willems Möbelwerkstätte

Johann Dionys Willms, Bild 1

Heinrich Sergius Willms, Bild 2

Familie Johann Dionys Willms und Frau Anna Maria, geb. Lauscher
(unten sitzend), stehend von links 4. Heinrich Sergius Willms, 5. von links
Wilhelm Theodor Willms, Bild 3

Von links: Lehrling Otto Rademacher, Geselle Albert Bremser und Meister
Johann Willms , Bild 4

Belegschaft 1932. Von links:Franz Mommer, Margarete Willms mit
Sohn Heinz, Johann Willms, Felix Koch, Theo Braun und Edi Neureuter,
Bild 5

Zerstörung durch Brückensprengung 13 September 1944, Bild 6

Erstes Fahrzeug 1945, Bild 7

Das Stammhaus nach dem Wiederaufbau ca. 1950, Bild 8

Meister Johann Willms mit Lehrling Heinrich Tings, Bild 9

Meister Johann Willms an der Fräse, Bild 10

Anwesen in der Finsterau 15, Bild 11

Johann und Heinz Willms beim 200jährigen Betriebsjubiläum 1978,
Bild 12

Johann Willms, Bild 13

Erweiterung St. Rochus Zweifall, Bild 14

Treppenhaus der Familie Prym in Zweifall, Bild 15

Eicheneckbank Möbelmesse Köln, Bild 16

Ladeneinrichtung Fa. Reinartz in Alsdorf, Bild 17

MCH-Fallbeispiel: Möbelwerkstätte Willems GmbH

200 Jahre Tradition und Marketing – das „Unzeitgemäße" als Motor

Drei Generationen unter einem Werkstattdach: Links Heinz Willems, rechts sein Sohn Hans-Jochen Willems und in der Mitte der fünfjährige Stammhalter Heino, der schon jetzt gerne an seiner eigenen „Werkbank" schreinert.

Zeitungsartikel aus der »Handwerkswirtschaft« Dezember 1994, Bild 18

Tiffany, London, 1988 Ladeneinrichtung, Bild 19

TIFFANY, LONDON
_____

OLD BOND STR. 25
JUWELIER
ERSTELLUNG: 1988

AUSFÜHRUNG: MAHAGONI GEBEIZT UND LACKIERT

SCHAUKÄSTEN IN WÄNDE INTEGRIERT
RAUMTEILER MIT SCHAUKÄSTEN UND SÄULEN
AUSSTELLUNGSVITRINEN

Bild 20

OBJEKTE
———

KINDERWELT, UNTERHACHING
TIFFANY, LONDON
M C M, CHICAGO
TENNISCENTER, GLADBECK
ARZTPRAXIS, MONSCHAU

KURKLINIK ROSENAU, SASSENDORF
HOTEL HOLIDAY INN, KÖLN
HOTEL BISCHOFSGRÜN, REGENSBURG
FRISEURSALON COPOLLA, MÜNCHEN
VERAMED-KLINIK, INNZELL
AUGLA, STOLBERG
EINZELPROJEKTE

Bild 21

WER SIND WIR?

EIN TISCHLEREIBETRIEB MIT LANGJÄHRIGER TRADITION.
GEGRÜNDET 1778 UND SEITDEM IN FAMILIENBESITZ.

ZUR ZEIT SIND 20 MITARBEITER BESCHÄFTIGT, ALLE
GELERNTE TISCHLER.

WIR PLANEN UND FERTIGEN OBJEKT- UND LADENBAU-
EINRICHTUNGEN IM HOCHWERTIGEN GENRE.

REFERENZEN SIND TIFFANY LONDON, MCM CHICAGO,
HOLIDAY INN KÖLN, KINDERWELT MÜNCHEN U.A.

GLEICHZEITIG MACHEN WIR EXCLUSIVEN INNENAUSBAU
UND SIND SPEZIALIST FÜR DIE HERSTELLUNG MASSIVER
MÖBEL IN EICHE, FICHTE UND KIRSCHBAUM.

Bild 22

Ausstellung Kinderwelt Chemnitz, Bild 23

Hans-Jochen Willems samt Nachwuchs, Lisa und Hanno, in der Werkstatt des 220 Jahre alten Familienunternehmens.　　Foto: Heike Eisenmenger

Holz prägte Generationen
Firma Willems feiert heute 220jähriges Bestehen

Stolberg-Zweifall. Im Jahre 1778 gründete der Zimmermann Johann Willems einen kleinen Schreinerbetrieb im Zweifaller Ortskern. Seitdem sind 220 Jahre ins Land gegangen. Am heutigen Montag feiert das Familienunternehmen „Willems Holz und Design" das Jubiläum. Es wird in der 7. Generation von Hans-Jochen und seinem Vater Heinz Willems geleitet.

Vor 25 Jahren zog der wachsende Meisterbetrieb vom Ortskern in die Finsterau. Auf rund 2500 Quadratmeter sorgen 15 Mitarbeiter mit dafür, daß sich Willems auch auf dem internationalem Markt einen Namen gemacht hat.

„Flexibilät und Innovation" werden bei Willems groß geschrieben. Dazu gehören auch knifflige Aufträge: Von zwölf angeschrieben Firmen bewarb sich nur der Betrieb für eine Ausschreibung bei Talbot: Das Aachener Unternehmen suchte eine Schreinerei, die für niederländische Waggons Zubehör für die Innenausstattung herstellte.

„Das kann man nur mit einer guten Mannschaft bewerkstelligen", so Hans-Jochen Willems, der stolz auf das Können seiner Leute ist. Aus diesem Grunde ist für ihn fundierte Ausbilung ein wichtiger Punkt in seiner Firmenphilosophie.

(Fortsetzung auf 2. Lokalseite)

Stolberger zeitung 23. Nov. 1998

Stolberger Zeitung 23.11.1998, Bild 24

Tiebel's Confiserie in Radeberg
Entwurf und Planung: Dipl.-Ing. Hans-Jochen Willems
Ausführung: Johann Willems Möbelwerkstätte GmbH, Stolberg-Zweifall

Bild 25

Burg Kurier, 9.8.2000, Bild 26

Landesverband Holz und Kunststoff ehrt Heinz Willems

Tischlermeister mit Fingerspitzengefühl

Stolberg. Über mehr als zwei Jahrzehnte gehörte Heinz Willems dem Vorstand des Landesverbandes Holz und Kunststoff an. Lange Jahre brachte er dort seine umfangreichen Kenntnisse in die Meisterprüfungskommission und den tarifpolitischen Ausschuss ein. Nun wurde der Tischlermeister aus Stolberg-Zweifall für sein Engagement mit der Goldenen Ehrennadel ausgezeichnet.

Der Verbandsvorsitzende Alfred Jacobi bescheinigt ihm neben Kompetenz und Engagement vor allem ein „besonderes Fingerspitzengefühl". Letzteres habe er unter anderem als Obermeister der früheren Innung Monschau bei der Fusion mit den Innungen Aachen-Land und Aachen-Stadt bewiesen.

Die von Johann Willems 1778 gegründete Tischlerwerkstatt gehört zu den ältesten Handwerksbetrieben in der Aachener Wirtschaftsregion. Einen Einblick in die erfolgreiche 222-jährige Unterneh-

Tischlermeister Heinz Willems (r.) erhält die goldene Ehrennadel des Fachverbandes Holz und Kunststoff vom Verbandsvorsitzenden Alfred Jacobi (l.).   Foto: Bickert

mensgeschichte gibt zur Zeit eine Wanderausstellung zum 100-jährigen Bestehen der Handwerkskammer.

Ein eindrucksvolles Beispiel für Anpassungsfähigkeit an technische und wirt-

schaftliche Veränderungen liefert dabei die Willems-Unternehmenschronik: Mit CNC-Bearbeitungszentrum, elektronisch gesteuerter Kantenanleimmaschine und automatischer Plattensäge ist man bereits seit vielen Jahren auf Zukunft eingestellt.

Dafür sorgt nicht zuletzt Hans-Jochen Willems, der heute in siebter Generation gemeinsam mit seinem Vater und Ehrenzeichenträger Heinz Willems die Geschäfte im Gewerbegebiet Finsterau führt.

Heinz Willems wurde 1990 von der Handwerkskammer Aachen für sein Engagement in der beruflichen Bildung mit der Goldenen Ehrennadel der Handwerkskammer Aachen auszeichnet.

Stolberger Zeitung 9.11.2000, Bild 26

Schreinerei Heinrich Tings

Adresse: Jägerhausstr. 88

Heinrich Tings, geboren am 24. April 1917, gestorben 24. April 1997, verheiratet mit Maria Tings geborene Wirtz geboren am 21. April 1917, gestorben 19. Juli 2000. Sie haben am 9. November 1940 standesamtlich geheiratet, die kirchliche Trauung war am 1. März 1941.

Er fing am 3. Juli 1932 eine Lehre bei der Tischlerei Johann Willems an. Seine Gesellenprüfung absolvierte er am 3. Juli 1935 (siehe Schreiben von Johann Willems vom 23. Oktober 1950).
Die Meisterprüfung bestand er bei der Handwerkskammer Aachen am 24. April 1951.

Anfang 1951 machte er sich als Schreiner in der Jägerhausstraße 134 selbstständig. Er baute eine Werkstatt auf dem Grundstück hinter seinem Wohnhaus (Richtung Kornbendstraße).
Im Jahr 1959 baute er ein neues Wohnhaus in der Kornbendstraße 64.

Infos: Annegret Brück
Bildnachweise:
Bild 1 bis 13 Annegret Brück
Bild 14 Rolf Hansen

Heinrich Tings als Soldat, Bild 1

Lehrbrief Heinrich Tings 1936, Bild 2

Prüfungszeugnis Heinrich Tings 1936, Bild 3

Hochzeit Heinrich & Maria Tings 1941, Bild 4

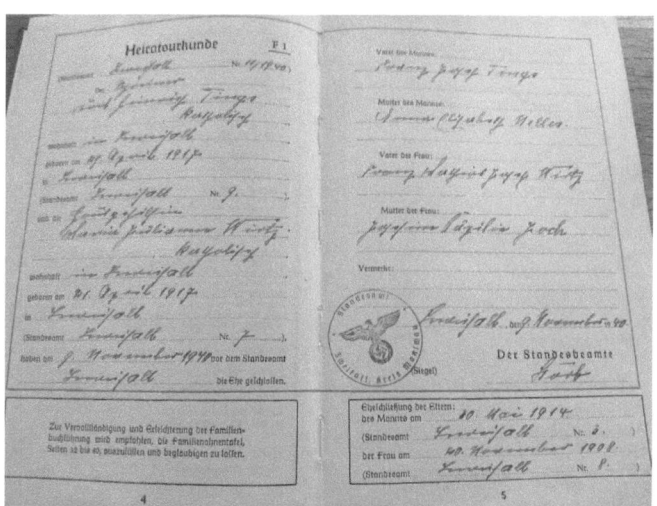

Heiratsurkunde 1940, Bild 5

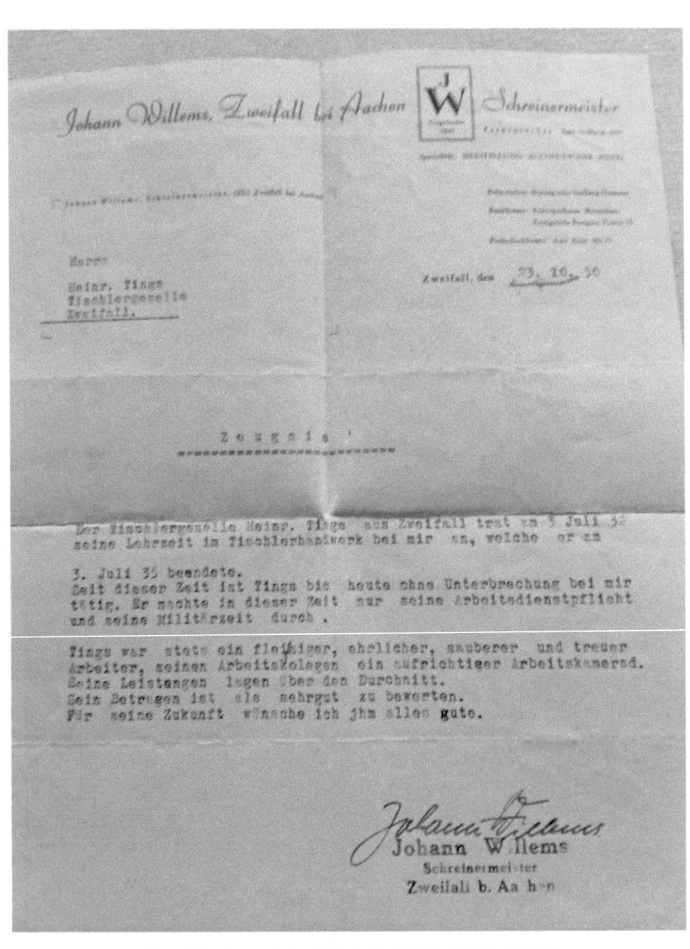

Gesellenbzeugnis Heinrich Tings 1950, Bild 6

HANDWERKSKAMMER FÜR DEN REGIERUNGSBEZIRK AACHEN

Der dem von der Handwerkskammer bestellten Meisterprüfungsausschuß

für das   T i s c h l e r -   Handwerk

bestehend aus den Herren   Gerhard Mennicken, Aachen   Vorsitzenden
      Josef Rader, Aachen   Heinrich Stolz, Kreuzau
      Anton Dohmen, Erkelenz Franz Keller, Aachen   Beisitzer

erschien der heute zur Prüfung zugelassene

       Karl Heinrich   T i n g s

aus Zweifall, Jägerhausstr. 134 geboren am   28. April 1917

zu   Z w e i f a l l   um die Meisterprüfung im

       T i s c h l e r   -Handwerk abzulegen.

Als Meisterstück war die Anfertigung   eines Dielenschrankes

aufgegeben worden. Dieses lieferte er, wie vorgeschrieben, mit der Werkzeichnung und der Kostenberech-
nung fertig am   22.3.1951   ab. Auf die Anfertigung hat der Prüfling   40 Tage verwendet.
Die Beaufsichtigung während der Anfertigung hatte Herr   Joh. Willems, Zweifall

DR Arbeit hatte bis am   abzuwickeln am

daß Prüfling machen am

Als Arbeitsprobe war dem Prüfling aufgegeben worden
       eine profilierte Handprobe

Die Arbeitsprobe dauerte   53   Stunden.

Von dem Prüfungsausschuß wurden folgende Prädikate festgestellt:

                                               s.Prot.v.25.3.51

Meisterstück	gut
Arbeitsprobe	sehr gut
Fachkenntnisse	befriedigend
Buch- und Rechnungsführung	befriedigend
Gesetzeskunde	befriedigend
Gesamtprädikat	gut bestanden

Da nach der vorstehenden Verhandlung der Prüfling die Prüfung nicht bestanden hat, wurde der Beschluß
gefaßt, daß er sich einer neuen Prüfung erst nach Ablauf von   Monaten unterziehen darf.
Bei der Wiederholung der Prüfung ist der Prüfling von der Anfertigung eines Meisterstücks (der Arbeitsprobe) — nicht — entbunden.

Als Sachverständiger war zur Prüfung hinzugezogen worden:

Aachen, den   24. April   19 51

                    Der Meisterprüfungsausschuß:

                                gez. Heinr. Stolz

         gez. G. Mennicken   gez. Josef Rader
              Vorsitzender   gez. Franz Keller

                                gez. A. Dohmen
                                      Beisitzer

Erläuterung zu den Prädikaten umseitig   Bitte wenden!

Bericht Meisterstück Heinrich Tings 1951, Bild 7

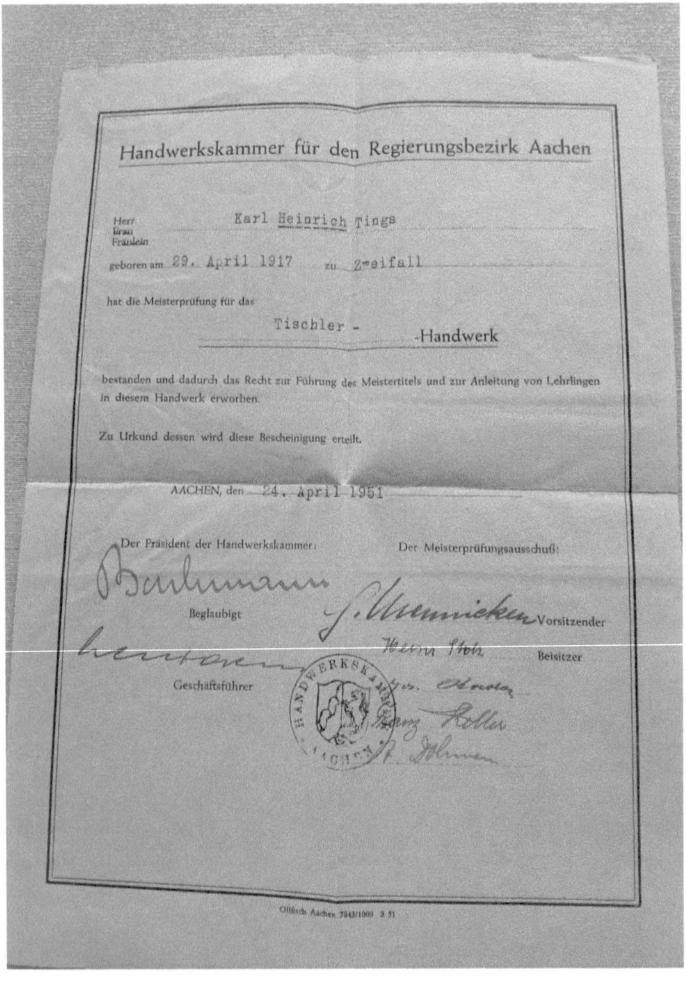

Handwerkskammer für den Regierungsbezirk Aachen

Herr
Frau
Fräulein   Karl Heinrich Tings

geboren am 29. April 1917   zu Zweifall

hat die Meisterprüfung für das

Tischler -   -Handwerk

bestanden und dadurch das Recht zur Führung des Meistertitels und zur Anleitung von Lehrlingen
in diesem Handwerk erworben.

Zu Urkund dessen wird diese Bescheinigung erteilt.

AACHEN, den 24. April 1951

Der Präsident der Handwerkskammer: Der Meisterprüfungsausschuß:

Beglaubigt   Vorsitzender

                                                  Beisitzer
Geschäftsführer

Offdr. Aachen 7843/1000 3.51

Meisterbrief Heinrich Tings 1951, Bild 8

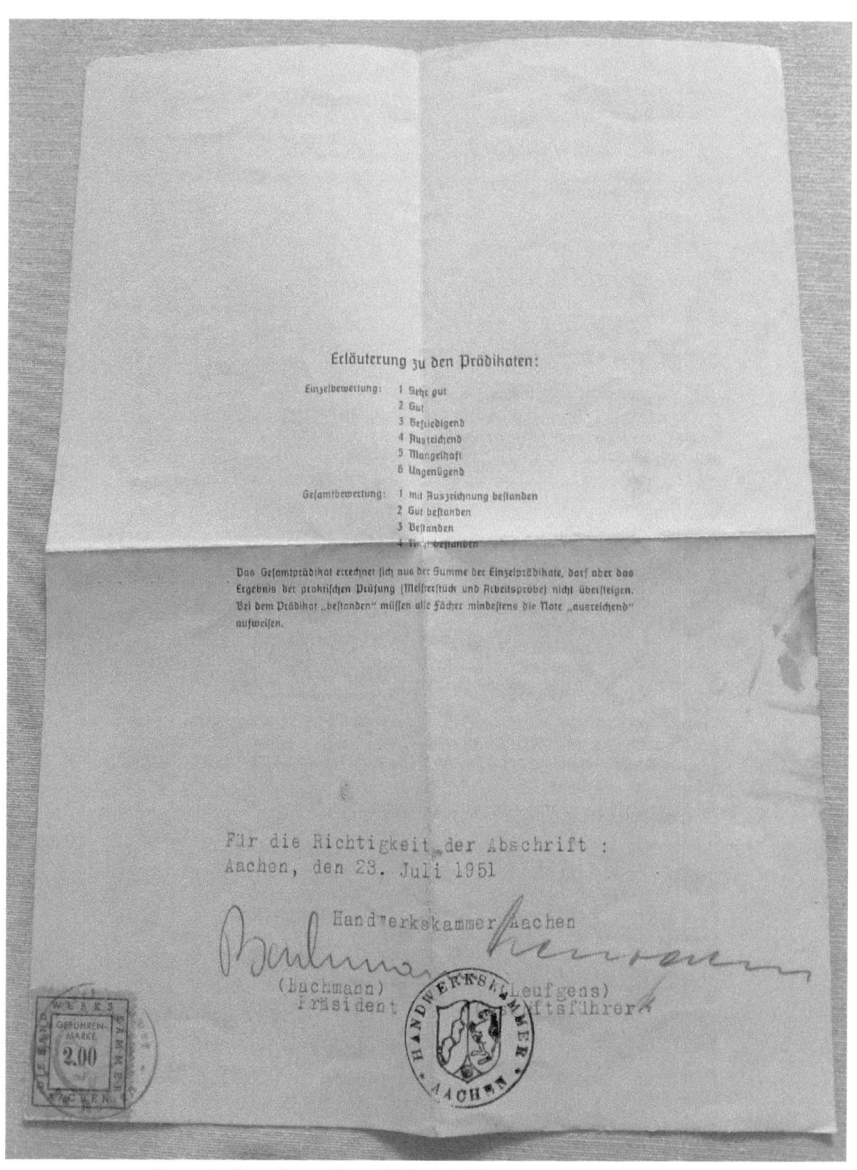

Erläuterung zu den Prädikaten:

Einzelbewertung: 1 Sehr gut
                      2 Gut
                      3 Befriedigend
                      4 Ausreichend
                      5 Mangelhaft
                      6 Ungenügend

Gesamtbewertung: 1 mit Auszeichnung bestanden
                      2 Gut bestanden
                      3 Bestanden
                      4 nicht bestanden

Das Gesamtprädikat errechnet sich aus der Summe der Einzelprädikate, darf aber das
Ergebnis der praktischen Prüfung (Meisterstück und Arbeitsprobe) nicht übersteigen.
Bei dem Prädikat „bestanden" müssen alle Fächer mindestens die Note „ausreichend"
aufweisen.

Für die Richtigkeit der Abschrift :
Aachen, den 23. Juli 1951

Handwerkskammer Aachen

(Bachmann)   (Leufgens)
Präsident   Geschäftsführer

Zeugnis Gesellenprüfung Heinrich Tings 1951, Bild 9

Heinrich Tings, Bild 10

Teil der Werkhalle mit Annegret Tings & Wilma Meder, Bild 11

BAU- UND MÖBELSCHREINEREI

HEINR. TINGS

Schreinermeister

ZWEIFALL, Jägerhausstr.

Inserat - Anzeige Heinrich Tings, Bild 12

Goldhochzeit Heinrich & Maria Tings Nov 1990, Bild 13

Ansicht Jägerhausstraße 134 um 2020, Bild 14

Schreienerei Heinz Schmitz

Adresse: Döllscheidterstr. 3, früher Haus Nr.88

Heinz Schmitz wurde am 31. August 1931 geboren, er verstarb am 17. Juni 2015.

Er war mit Katharina verheiratet, sie wurde am 13. Februar 1932 geboren und verstarb am 14. März 2010.

Die standesamtliche Trauung fand am 17. Mai 1958 statt. Kirchlich wurde am 3. Juni 1958 geheiratet. Sie hatten drei Kinder : Bernd (fünf Kinder), Rolf (verstorben, Kinderlos) und Helga (zwei Kinder).

Das Haus wurde laut Seitenstein in der rechten Seitenwand im Jahr 1689 erbaut. Eine alte Tür in der Giebelwand trug die Jahreszahl 1779.

Heinz Schmitz hat das Haus in den 1950ziger Jahren gekauft und umgebaut.

1965 hat er den Schreiner- und Tischler-Meister gemacht und eine Werkstatt hinter dem Haus erbaut. Diese wurde mit den Jahren ausgebaut.

Bis zu seinem Tod 2014 hat dort gearbeitet.

Infos: Helga und Andreas Berner
Bildnachweise:
Bild 1 »Zweifall Wald und Grenzdorf im Vichttal« von Johann Bendel (Autor) und Dr. Heinrich Koch (Bearbeitung).
Bild 2, 7, 8 Helga und Andreas Berner
Bild 6 Archiv Teutenberg im Geschichtsverein Monschau
Bild 3, 4, 5, 9 Rolf Hansen

Haus Nr. 88, Döllscheidter Straße (Besitzer: H. Schmitz). Das Haus, ebenfalls ein Stein-Fachwerkbau, liegt im Gegensatz zu den Nachbarhäusern von der Straße weiter zurück. Die Giebelseite zur Straße hin ist ganz aus Stein. Sie hatte unten ein altes Doppelfenster mit Hauwerk. Die mit Nägeln beschlagene alte Tür in der Giebelwand trug die Inschrift: ANNO 1779 J. W. J. A. M. W. Die Seitenfenster hatten mit Eisenstäben bewehrte Holzfassungen. Ein in der Seitenwand eingemauerter Schlußstein aus einer Türfassung trug im Schild die Jahreszahl: ANNO 1689 und die Initialen M. K. J. B. Das Haus ist vor etwa zehn Jahren grundlegend umgebaut worden. Die vordere Giebelseite ist seither ganz verputzt. Die Nageltür hat einer handwerklich sehr schön gearbeiteten Eichentür mit Schnitzwerk den Platz geräumt.

Bild 1

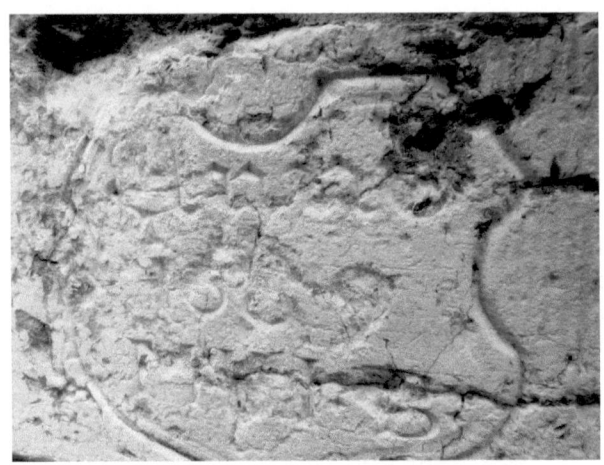

Grundstein an der rechten Hauswandseite, Bild 2

Döllscheidter Straße 3, vor 2000,Bild 3

Heinz bei der Arbeit typische Arbeitskleidung, 2007, Bild 4 + 5

Zufahrt zur Werkstatt, 2022, Bild 4

Döllscheidter Straße 3, 2022 Bild 5

Heinz Schmitz mit Katharina, Bild 6

Schreinerei Heinrich Braun

Adresse: Jägerhausstraße 25

Gegründet ca 1905 von Heinrich Braun. Er war noch bis 1953 im Betrieb tätig. Er führte eine Bau- und Möbelschreinerei.

1945/46 ist Hermann Braun aus dem Krieg zurückgekehrt und hat die Schreinerei von seinem Vater 1948 übernommen. Ebenfalls 1948 heiratete er seine Frau Maria.

Hermann hatte keinen Meisterbrief, durfte aber ausbilden.

Zu seinen Lehrlingen gehörten Hans Hardt, Heinz Schmitz und Adolf Müller (dieser blieb bis zur Rente bei ihm).

Norbert Braun war eigentlich in der Schreinerei des Sägewerks Kuchem angestellt, weil Heinrich Braun 1967 sehr viel Arbeit hatte, wurde er von der Firma Kuchem ausgeliehen. Er blieb bis 1997 in der Schreinerei Braun.

Nach bestandener Meisterprüfung hat sein Sohn Heinz Braun 1976 die Schreinerei übernommen. Wegen wirtschaftlicher Schwierigkeiten musste er 1999 aufgeben.

Heinz Braun starb 2004.

Der Bruder von Hermann Braun, Karl Braun (Frau Anette geborene Sonntag), hatte eine Bauunternehmung am gleichen Platz. Beide stellten in der Zeit schon eine Art „Fertighäuser" her.

Karl Braun hat 1938 die Turnhalle mit Nebengebäude erbaut.

1956/57 baute er die Leichenhalle auf dem katholischen Friedhof. Er war zu diesem Zeitpunkt schon sehr krank (Krebs) und ist noch während der Baupha-

se gestorben, damit wurde auch die Bauunternehmung aufgegeben.

Infos: Hubert Ramers, Karl-Erich Krings, Norbert
Braun
Bildnachweise:
Bild 1 Rolf Hansen

Wohnhaus mit Einfahrt um 2022 Bild 1

Rockfabrick Bünten

Adresse: gegründet im Erft, später Frackersberg 14

Käthe Bünten, geborene Hillemanns, geboren am 13. Januar 1936, gestorben am 2. Dezember 2019, hatte Anfang der 1950ziger Jahre ein Gewerbe als Hausnäherin.

Am 8. Oktober 1963 wurde ihr auch das Gewerbe für Textilien, Konfektion, Elektroartikel und Möbel genehmigt.

Mit der Fertigung von Röcken hat man 1963 im Wohnhaus angefangen. Damals waren 15 Mitarbeiter beschäftigt.

Von 1965 bis 1969 expandierte die Firma und die Fertigung wurde in die Räume des heutigen Kindergartens verlegt. Die Belegschaft bestand zu diesem Zeitpunkt schon aus 45 Mitarbeitern.

Nach dem Bau der Halle, Anfang 1969, am Frackersberg wurde das Geschäft weiter ausgebaut. Dort waren bis zu 150 Angestellte beschäftigt, davon 4 Büroangestellte.

Franz Bünten, der Ehemann von Käthe, arbeitete mit acht Zulieferfirmen und weiteren Firmen in Marokko, Griechenland und der Türkei zusammen. Dort wurden hauptsächlich die sogenannten „Ramschwaren" hergestellt.

Die Herstellung von Damenhosen und -röcken lief unter dem Geschäftsführer Franz Bünten, geboren 12. September 1933 gestorben 3. März 2023.

Die Waren wurden in Deutschland, Österreich, Luxemburg, der Schweiz, England und in den Niederlanden vertrieben.

Nach Aufgabe der Produktion in Zweifall 1984 wickelte Franz noch gut ein Jahr einige Geschäfte mit alten Kunden ab und zog dann nach Marokko. Dort arbeitete er als Angestellter in der Firma seiner Tochter Petra

von 1985 bis 1995.
Nachdem das Gebäude ein paar Jahre nicht genutzt wurde, kaufte 1988 Wilfried Freimann das Grundstück mit Gebäude und betrieb dort die Maschinenbau Firma Unisint.

1997 übernahm Walter Berg mit seiner Firma Unigrind das Anwesen. Er stellt heute hochwertige Produkte im Bereich der Bearbeitungs- und Prüftechnik für Industriearmaturen her.

Infos: Franz Bünten
Bildnachweise:
Bild 1, 2, 4 bis 10 Familie Bünten
Bild 3 und 11 Rolf Hansen

Franz und Käthe Bünten, Bild 1 + 2

Im Huck, Bild 3

Fabrikhalle Außenansicht, Bild 4

In der Fertigungshalle, Bild 5 + 6

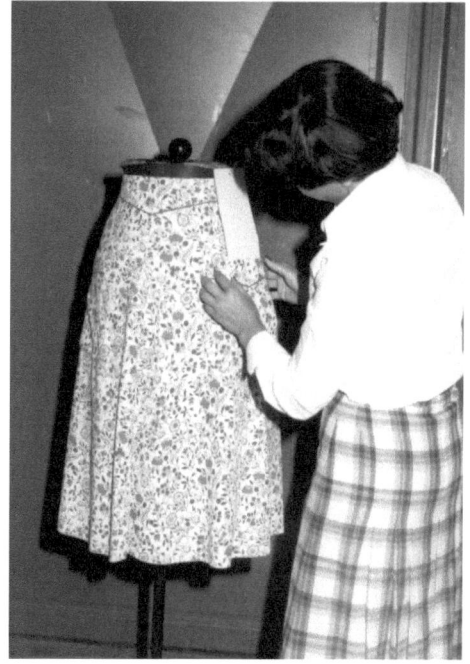

In der Fertigungshalle, Bild 7 + 8

Gewerbekarte, Bild 9

Anzeige, Bild 10

Freymann Wilfried Unislip Schlosserei 1996, Bild 11

94

Anneliese Krings Damenmoden

Adresse: Jägerhausstraße 21

Aneliese Krings begann als Büglerin 1969 in der alten Schule (heute Kindergarten Zweifall) bei der Firma Franz Bünten. In der neu erbauten Halle Frackersberg 16 (im Erft) war sie für die Warenendkontrolle zuständig.

1976 eröffnete sie ein eigenes Damenmodengeschäft im ehemaligen Raum der Feuerwehr (vormals Klassenraum der Klassen 1 und 2 der Grundschule).

Nachdem Familie Krings das Haus 1984 gekauft hatte, wurde der Verkaufsraum in den vorderen Teil des Hauses (vormals Klassenraum der Klassen 6 bis 8 der Grundschule) verlegt.

Das Geschäft führte sie von 1976 bis 2001. Es war ein reines Damenmoden-Oberbekleidungsartikel Geschäft (T-Shirts, Blusen, Röcke, Kleider und Mäntel).

Von September 2001 an übernahm Fau Renate Steves-Hompesch bis Dezember 2004 das Geschäft.

Danach standen die Räume einige Zeit leer.

Im August 2007 wurden die Räume an die Tanzschule Gabriele Bremen-Brendel vermietet.

Infos: Anneliese und Heinz-Adolf Krings
Bildnachweise:
Bild 1 bis 7 Anneliese und Heinz-Adolf Krings

Neueröffnung 1984, Bild 1 + 2

Neueröffnung 1984, Bild 3, 4 + 5

97

Anneliese Krings (dritte von links) und Mitarbeiterinnen, Bild 6

Werbung 1997, Bild 7

Elektrogeschäft Theo Schroiff

Adresse: Döllscheidter Straße 1, später 2

Theo Schroiff wurde am 20. Juni 1911 geboren und starb am 1. Juni 1989. Er mietete Mitte 1950 das Haus der Familie Hütten (Döllscheidterstraße 1) und gründete ein Elektrowarengeschäft und arbeitete ebenfalls als Elektroinstallateur.

Das Gewerbe der Elektroinstallation war seine Haupterwerbsquelle. Das Lager hierfür war in den Stallungen im Hof hinter der evangelischen Kirche.

Theo Schroiff war von 1961 bis 1978 selbstständig.

Ende 1960 wurde von der Stadt das Haus gegenüber (Döllscheidterstraße 2, linker Teil der alten Volksschule) gemietet. Mit Genehmigung der Stadt durfte er den unteren Raum zum Geschäftsraum umbauen (vormals Klassenzimmer der Klassen 3 und 4). Aus den beiden rechten Fenstern wurde ein großes Schaufenster. Das linke Fenster wurde zur Eingangstür umgebaut, für die Treppenstufen wurden die Altarsteine aus der Werther Kirche verbaut.

In dem Ladenlokal gab es neben Elektroartikeln auch Haushaltswaren.

Sein Sohn, Hans-Theo, übernahm das Geschäft 1978. Er hat auch das Elektroinstallations-Unternehmen weitergeführt. Im Geschäft war Thea Braun als Verkäuferin angestellt.

Mitte der 1980ziger Jahre wurde das Ladenlokal aufgegeben.

Im Dezember 1998 wurde auch das Gewerbe aufgegeben.

Infos: Hans-Theo Schroiff
Bildnachweise:
Bild 1 bis 10 Hans-Theo Schroiff

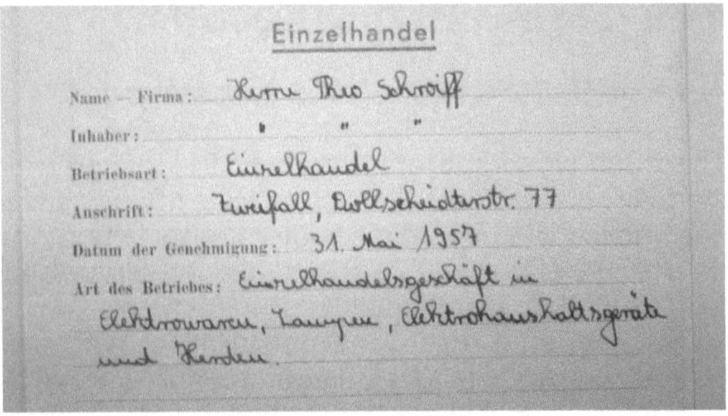

Einzelhandel

Name — Firma: *Herrn Theo Schroiff*

Inhaber: *"   "   "*

Betriebsart: *Einzelhandel*

Anschrift: *Zweifall, Döllscheidterstr. 77*

Datum der Genehmigung: *31. Mai 1957*

Art des Betriebes: *Einzelhandelsgeschäft in Elektrowaren, Lampen, Elektrohaushaltsgeräte und Herden.*

Bild 1

Elektro-Geräte - Beleuchtungskörper

Fachmännische Beratung

THEO SCHROIFF, Zweifall

Döllscheidterstraße   Bequeme Teilzahlung

Bild 2

Betriebsausflug an die Mosel, Bild 3

Döllscheidter Str 1, ca 1960, Bild 4

Döllscheidter Str 2, ca 1960 Bild 5

Döllscheidter Str. 2, Schaufenster, ca 1960 Bild 6

Links Goldhochzeit Anfang 1980, rechts Portrait ca 1986 Bild 7 + 8

Hans Theo Schroiff mit Belegschaft, Bild 9

Döllscheidter Str 1, ca 2020 Bild 10

Heinrich Christen Fuhrunternehmer und Holzrücker

Adresse: Döllscheidter Straße 7

Heinrich Christens Gewerbe als selbständiger Fuhrunternehmer (Holzrücker mit dem Pferd) bestand vom 7. März 1966 bis zum 31. Dezember 1975.
Insgesamt hatte er drei Rückepferde: Bello 1, Bello 2 und Hektor.

Eintragung: Heinrich Christen, geboren 27. April 1916, Holzrückarbeiten mit dem Pferd.

Vom 15. Oktober 1945 bis zum 21. März 1953 war er im Sägewerk Kuchem als Holzrücker mit Pferd und als Langholzfahrer beschäftigt.
Von April 1953 bis Januar 1963, war er als Langholzfahrer beim Sägewerk August Schnitzler angestellt.
Von Februar 1963 bis März 1966 dann Langholzfahrer beim Sägewerk Karl Krings.
Bis zum Renteneintritt am 30. April 1975 Mitarbeit im Hotelbetrieb »Hotel zum Walde«.

Neben ihrem Hauptberuf als Rückepferd wurden die Pferde auch als Kutschpferde für die Kevelaer Bruderschaft und als St. Martins Pferde eingesetzt.

Infos: Toni Christen
Bildnachweise:
Bild 1 bis 7 und 17 Toni Christen
Bild 8 bis 9 Nachlass Elisabeth Heinen
Bild 10 bis 15 Berthold Christen
Bild 16 Archiv der Zweifaller Schützen
Bild 18 Rolf Hansen

Döllscheidter Straße 7, Bild 1

Döllscheidter Straße 7, Bild 2

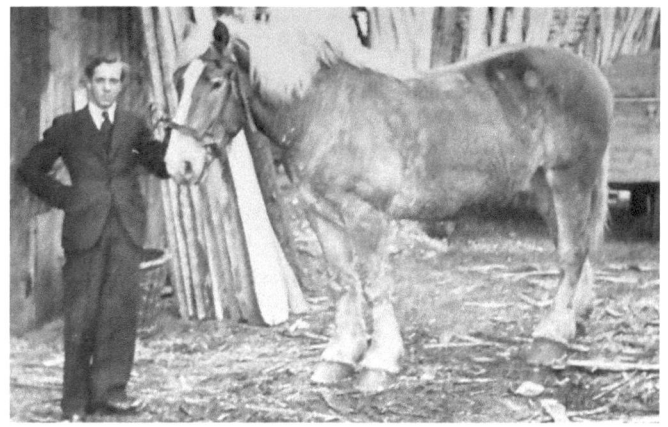

Beim Sägewerk Kuchem mit Emma, Bild 3

Heinrich Christen mit Emma bei der Waldarbeit, Stämme rücken, Bild 4

Bei der Arbeit, Bild 5

Pferdestall, Bild 6

Erika und Irene Kettenus vor dem Haus, Bild 7

Bello 1 vor der Kutsche auf dem Weg nach Kevelaer 1957, Bild 8

Bello 1 vor der Kutsche auf dem Weg nach Kevelaer 1958, Bild 9

Heinrich Christen mit Bello 2, Bild 10

Berthold Christen mit Bello 2, Bild 11

Heinrich Christen mit Bello 2 bei der Waldarbeit, Stämme rücken, Bild 12

Heinrich Christen mit Toni und Berthold im Wald, Bild 13

Bello 2 bei der Waldarbeit, Bild 14

Heinrich Christen mit Hektor, Bild 15

Rückepferd Leo (Kuchem) beim Einsatz als St. Martinspferd 1956, Bild 16

Anmerkung: Dieses Bild hat zwar nicht direkt mit Heinrich Christen zu tun, jedoch dienten auch seine Pferde viele Jahre als St. Martins Pferde. Leider konnten wir keine Fotos von den dreien beim Zug finden.

Döllscheidter Straße 7 ca. 1990, Bild 17

Döllscheidter Straße 7, Bild 18

In den Beiträgen gemachte Aussagen geben ausschließlich die Meinung der Autoren wieder.

Die Idee zur Gründung des Vereins bzw. der Interessenge-meinschaft (IG) kam im Herbst 2016 bei der Restaurierung des Kriegerdenkmals auf. Richard Veeser, Michael Koch, Heinz-Gerd Braun und zahlreiche weitere Gründungsmitglieder wollten einen Verein zur Verschönerung und Werteerhaltung von Zweifall ins Leben rufen. Mit Hilfe des Rechtsanwalts Markus Jentgens wurde im Frühjahr 2017 ein eingetragener Verein gegründet. Der Vorstand besteht derzeit aus:

1. Vorsitzender Heinz-Gerd Braun
Stellvertretender Vorsitzender Andreas Nießen
Schriftführerin Melanie Bungenberg
Schatzmeisterin Claudia Neuß

Folgende Schwerpunkte der IG, bzw. des Vereins wurden unter verschiedenen Personen, die sich eigenständig um das jeweilige Thema kümmern, aufgeteilt: Geschichte - Denkmäler - Plattdeutsch - Wegerestaurierung - Sauberkeit im Ort - Verkehr.

IG Unser Dorf Zweifall e.V.
Werkstr. 61

52224 Stolberg
Kontaktaufnahme:
info@ig-unserdorfzweifall.de

Impressum:

Titelbild: Blick auf Zweifall (© Monique Römgens)
Titelgestaltung: Monique Römgens
Hintergrundbild: Quelle Pixabay
Satz und Layout: Monique Römgens,
Rolf Hansen, Peter Römgens
Herausgeber und © 2025:
IG Unser Dorf Zweifall e.V., Arbeitskreis Geschichte
IG Unser Dorf Zweifall e.V.
Werkstr. 61, 52224 Stolberg
info@ig-unserdorfzweifall.de
Verlag: BoD · Books on Demand GmbH, Überseering 33,
22297 Hamburg, bod@bod.de
Druck: Libri Plureos GmbH, Friedensallee 273, 22763 Hamburg
ISBN: 978-3-8192-1046-4

Bibliografische Information der Deutschen Nationalbibliothek:
Die Deutsche Nationalbibliothek verzeichnet diese Publikation in der
Deutschen Nationalbibliografie; detaillierte bibliografische Daten sind im
Internet über dnb.dnb.de abrufbar.

IG Unser Dorf Zweifall e.V.
Arbeitskreis Geschichte
Ausgabe 2021

Die Zweifaller Geschäftswelt

Band 1 Grundversorgung
Heute und Gestern (1900 bis 2020)

der 1. Band unserer Reihe, kann im Buchhandel unter der
ISBN: 978-3-75-571567-2 bestellt werden; es ist ebenfalls als eBook erschienen.

IG Unser Dorf Zweifall e.V.
Arbeitskreis Geschichte
Ausgabe 2023

Die Zweifaller Geschäftswelt

Band 2 Gastronomie
Heute und Gestern (1900–2021)

Der 2. Band unserer Reihe, kann im Buchhandel unter der
ISBN: 978-3-75-043382-3 bestellt werden; es ist ebenfalls als eBook erschienen.

IG Unser Dorf
Zweifall e.V.
Arbeitskreis Geschichte

Ausgabe 1/2018

Geschichte des

Rad-Touristen Club
»Fortuna Zweifall«

gegründet 1904

1.Sonderausgabe unserer Reihe
- ausverkauft -
Bei ausreichendem Interesse und verbindlichen
Vorbestellungen kann der Band nachgedruckt
werden.